MOSTRA DEGLI ALLIEVI DELL'ACCADEMIA DI BELLE ARTI DI FOGGIA

Opere eseguite nelle Cattedre di Anatomia Artistica

dei Proff. Salvatore Laratro, Piero Di Terlizzi, Antonio Nasuto e Antonino Foti

Ministero dell'Università e della Ricerca
Alta Formazione Artistica e Musicale
Accademia di Belle Arti di Foggia

SOCIETÀ ITALIANA
di CHIRURGIA
della MANO

Club Foggia "U. Giordano"

DISTRIBUZIONE Lulu.com

ISBN 978-1-326-03606-5

COORDINAMENTO ARTISTICO ANTONINO FOTI
ANTONIO NASUTO

**PROGETTO GRAFICO, IMPAGINAZIONE
E FOTOGRAFIE** ROSSELLA MASSA
ANTONIA POTITO
FRANCESCA ROTORDAM

EVENTO 52° CONGRESSO NAZIONALE SICM - FOGGIA 9-11 OTTOBRE 2014
SPAZIO ESPOSITIVO - VIA ROMOLO CAGGESE, 1 - FOGGIA
MOSTRA DEGLI ALLIEVI DELL'ACCADEMIA DI BELLE ARTI DI FOGGIA
OPERE ESEGUITE NELLE CATTEDRE DI ANATOMIA ARTISTICA
DEI PROFF. SALVATORE LARATRO, PIERO DI TERLIZZI, ANTONIO
NASUTO E ANTONINO FOTI

SOMMARIO

Cari Amici e Colleghi,

il 52° Congresso Nazionale della Società Italiana di Chirurgia della Mano è l'appuntamento scientifico più prestigioso ed importante dell'anno per chi si occupa di Chirurgia della Mano e dell'Arto Superiore.

A cornice di tale evento, abbiamo voluto instaurare una stretta collaborazione fra la Cattedra di Chirurgia Plastica e Ricostruttiva dell'Università degli Studi di Foggia, il Rotary Club Foggia "Umberto Giordano" e l'Accademia delle Belle Arti di Foggia, al fine di realizzare opere d'arte aventi come tema "LA MANO".

Il consenso per questa iniziativa è stato unanime ed immediato da parte di tutti e la sinergia che si è venuta a creare, affiancata dall'entusiasmo dei giovani artisti, ha reso possibile il nostro progetto.

L'impegno profuso dagli studenti dell'Accademia è stato massimo e ha consentito di realizzare più di 20 lavori che sono stati raccolti nel presente catalogo.

Le opere sono state esposte in occasione del Congresso Nazionale, al fine di promuoverne la vendita, sia per i partecipanti al Congresso che alla cittadinanza, a scopi benefici.

Il ricavato è stato destinato alla Campagna Mondiale contro la Poliomielite "END POLIO NOW", sostenuta dal Rotary International, al fine di non rimanere indifferenti di fronte alle popolazioni più deboli ancora afflitte da questa grave malattia.

Un caloroso ringraziamento a tutti coloro che hanno dimostrato il loro impegno, testimoniato dal presente catalogo.

Prof. AURELIO **PORTINCASA**
Il Direttore della Cattedra, Struttura Complessa e Scuola di Specializzazione in Chirurgia Plastica, Ricostruttiva ed Estetica
Università degli Studi di Foggia

Presidente del 52°
Congresso Nazionale S.I.C.M.

Fondato a Chicago nel 1905 come club di servizio, per volontà dell'avv. Paul Harris, il Rotary si caratterizza come gruppo di amici, appartenenti a diverse professioni e chiamati ad impegnarsi a favore del prossimo.

Il Rotary è una Associazione internazionale apolitica, senza fini di lucro, impegnata in progetti di azione sociale e umanitaria a livello locale e internazionale.

Vanta 34.000 club allocati in tutto il pianeta e oltre 1,2 milioni di soci che espletano la propria professionalità perseguendo l'unico obiettivo di "Servire al di sopra di ogni interesse personale".

Le attività principali del Rotary International si esplicano essenzialmente in sei Aree di intervento: Pace e prevenzione/risoluzione dei conflitti; Prevenzione e cura delle malattie; Acqua e strutture igienico-sanitarie; Salute materna e infantile; Alfabetizzazione e educazione di base; Sviluppo economico e comunitario.

Dopo oltre un secolo dalla sua nascita, il Rotary conserva la propria identità accrescendo la sua vocazione all'azione sociale e sostenendo i club sparsi in tutto il mondo a valorizzare il territorio di appartenenza, ad aiutarlo a crescere nella prosperità e nella pace.

Con questi intenti e per questi fini, nella prestigiosa cornice del 52^ Congresso Nazionale della Società Italiana di Chirurgia della Mano (SICM), il Club Rotary Foggia "U. Giordano" ha risposto con convinto entusiasmo alla richiesta di sostenere i Giovani allievi dell'Accademia di Belle Arti di Foggia con la realizzazione di un catalogo fotografico che presenti le 20 opere del concorso artistico avente come tema "La Mano", il cui ricavato sarà devoluto a scopo benefico.

Un particolare ed affettuoso ringraziamento ed un plauso al Presidente del Congresso e socio del nostro Club, Aurelio Portincasa, per la sua altissima professionalità e per il contributo attento e proficuo offerto al Rotary nella realizzazione della benefica iniziativa.

IL ROTARY

DOTT. PAOLO DI FONZO
Presidente
Club Foggia "U. Giordano"

In un famoso piccolo saggio del 1939 Henry Focillon, cerca di sviluppare e puntualizzare alcuni aspetti del fare arte, in un contesto e in un periodo storico molto complesso e ricco di trasformazioni.

Durante il famoso secolo scorso e/o definito da molti "secolo breve", appunto dall'inizio del '900 si era provato a sperimentare di tutto, sia dal punto di vista linguistico, che dal punto di vista tecnico, sviluppando una ricerca artistica in continuo clima di ripensamenti e rivisitazioni.

Queste trasformazioni e investigazioni linguistiche, influenzano enormemente Focillon, che proprio in quegli anni in un clima di ripensamento, torna a riflettere sul ruolo dei sensi, e in particolare sulla sensibilità in particolare del tatto, e della mano.

Nel saggio emerge una forte connessione tra sensibilità e intelletto, nello sviluppo della forma e nell'approfondimento tecnico, connesso all'uso linguistico del disegno e della tecnica dell'incisione.

L'interpretazione della realtà viene filtrata attraverso la conoscenza e la sensibilità nel rendere, aspetti e particolari che sfuggono all'uomo comune, che appunto non ha sviluppato un uso particolaristico della mano nel contatto con la superficie.

Nel saggio emergono i temi e gli interessi per la funzione, e si evidenzia il ruolo fondamentale della mano nella creazione artistica, che rimane il centro di gravità permanente ancora oggi di artisti e studenti, delle nostre Accademie.

Tutto questo è presente nelle opere degli Studenti dell'Accademia di Belle Arti di Foggia, che sono esposte in questa mostra, dove emergono le conoscenze mnemoniche e la sapienza dell'uso del disegno e del chiaroscuro, sapientemente guidati nelle loro ricerche, prodotte appositamente per quest'importante Convegno, dai docenti di Anatomia Artistica dell'Accademia di Belle Arti di Foggia prof. Salvatore Laratro, Antonio Nasuto e Antonino Foti, ai quali va il mio personale ringraziamento e gratitudine, per l'impegno nel lavoro profuso alla realizzazione di quest'importante iniziativa.

Un particolare ringraziamento all'organizzatore dell'evento il Prof. Aurelio Portincasa Direttore della Cattedra Struttura Complessa e Scuola di Specializzazione in Chirurgia Plastica, Ricostruttiva ed Estetica.

Ringrazio inoltre il Rotary Club "U. Giordano" nella persona del Presidente Dott. Paolo Di Fonzo per il contributo attivo ed il costante impegno nel campo della solidarietà.

ELOGIO DELLA MANO

PROF. PIERO DI TERLIZZI
Direttore dell'Accademia di Belle Arti di Foggia

ELEONORA **ACCLAVIO**
ANTONIETTA **BELLOTTI**
DILETTA **CIANNARELLA**
MARIA ROSA **DE MAJO**
FILOMENA **DI COSMO**
MIRELLA **DI CROCE**
ADRIANA **DI LEO**
AZZURRA **DI VIRGILIO**
CATERINA **GIROLAMI**
DORA **GRITTANI**
JUDITH **LA TORRE**
NICOLA **MERLINO**
FERNANDO **NAPOLITANO**
ELISABETTA **PALMISCIANO**
LOUIS ANTONIO **PALUMBO**
VALENTINA **PORCELLI**
ROSANNA **ROGGIA**
LUCA **SUMMA**
MARIANNA **SALERNO**
NICOLA **SAVELLA**

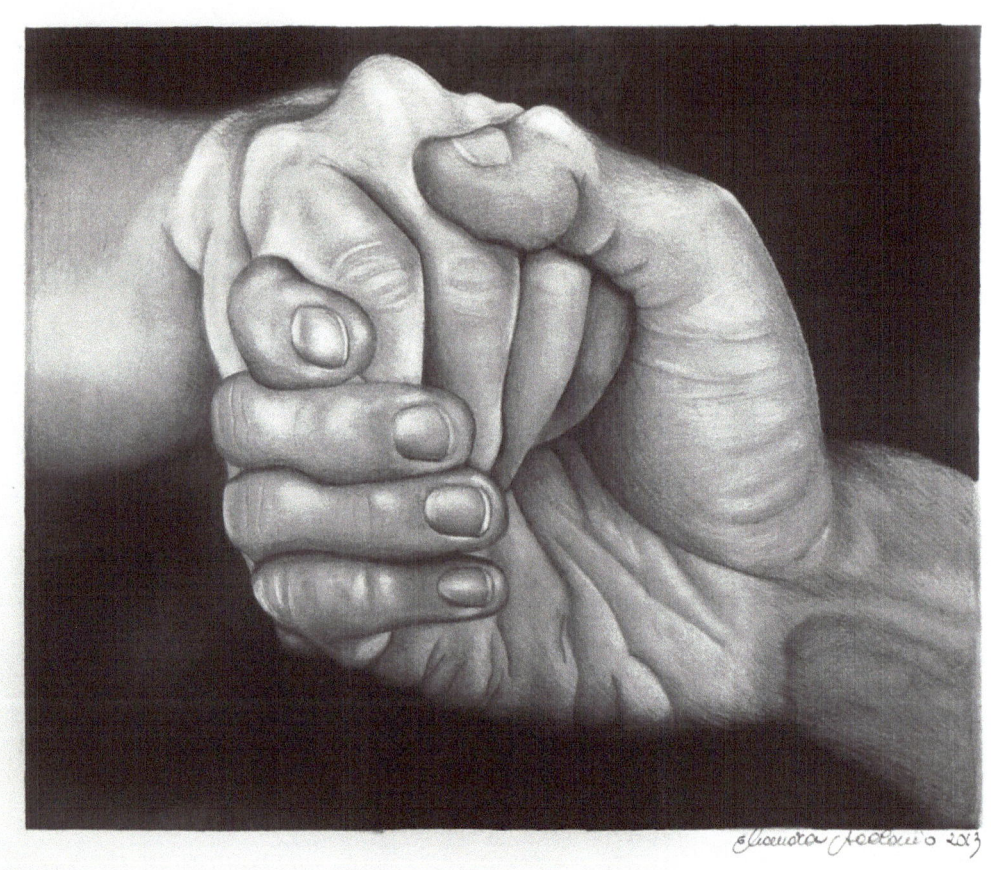

ELEONORA ACCLAVIO
Matita su carta Fabriano

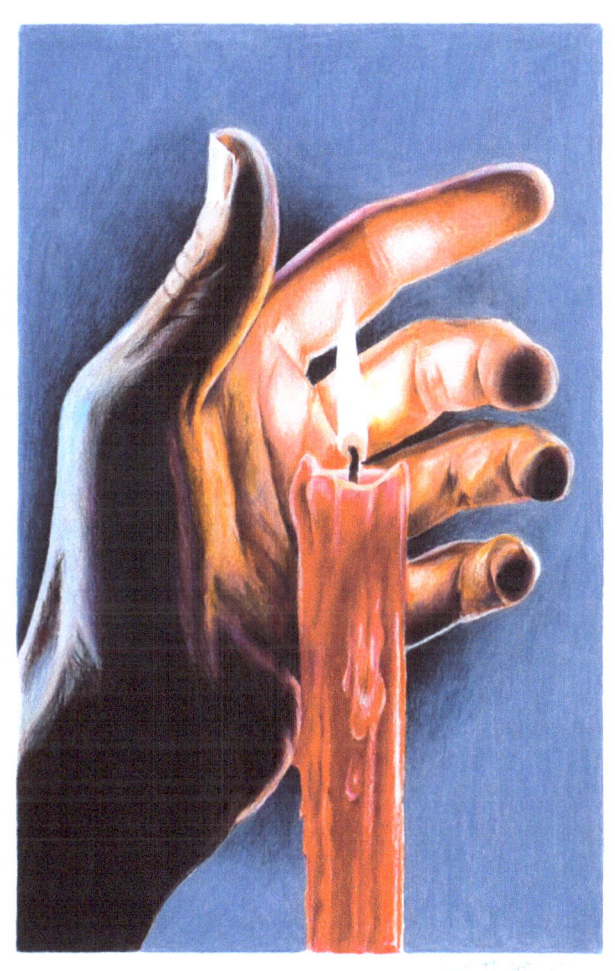

ANTONIETTA BELLOTTI
Matite colorate su carta Fabriano

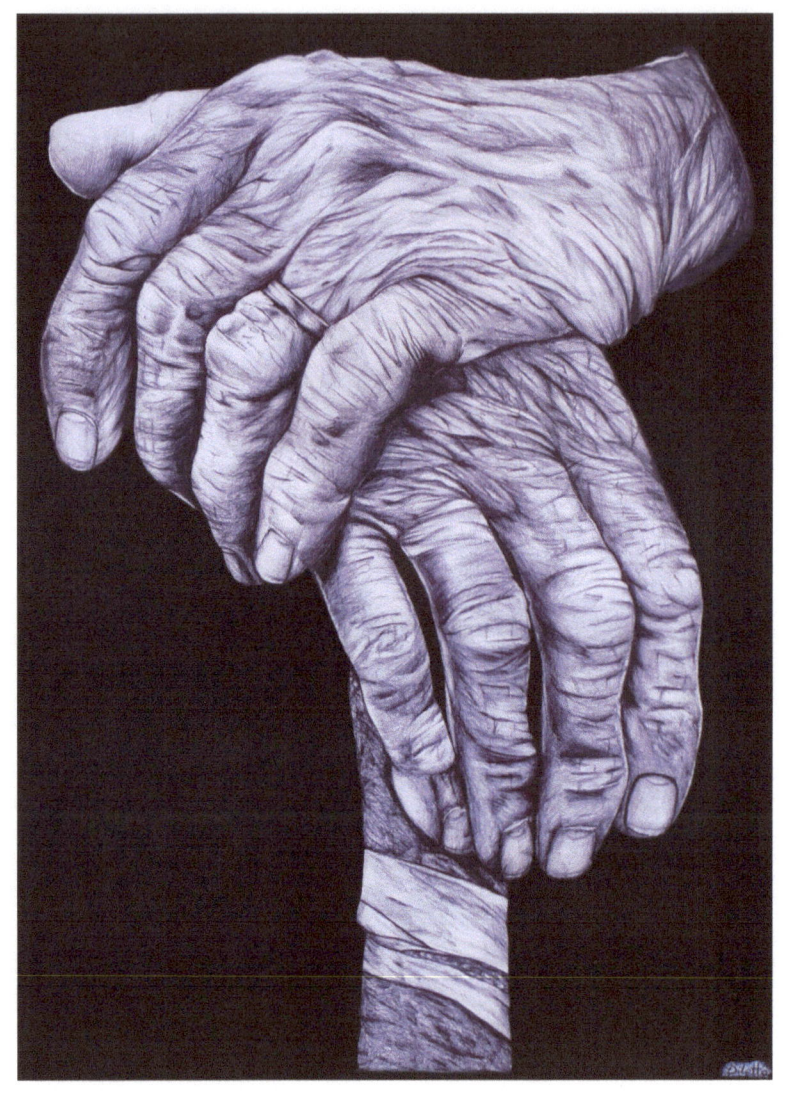

DILETTA CIANNARELLA
Penna Biro su carta Fabriano

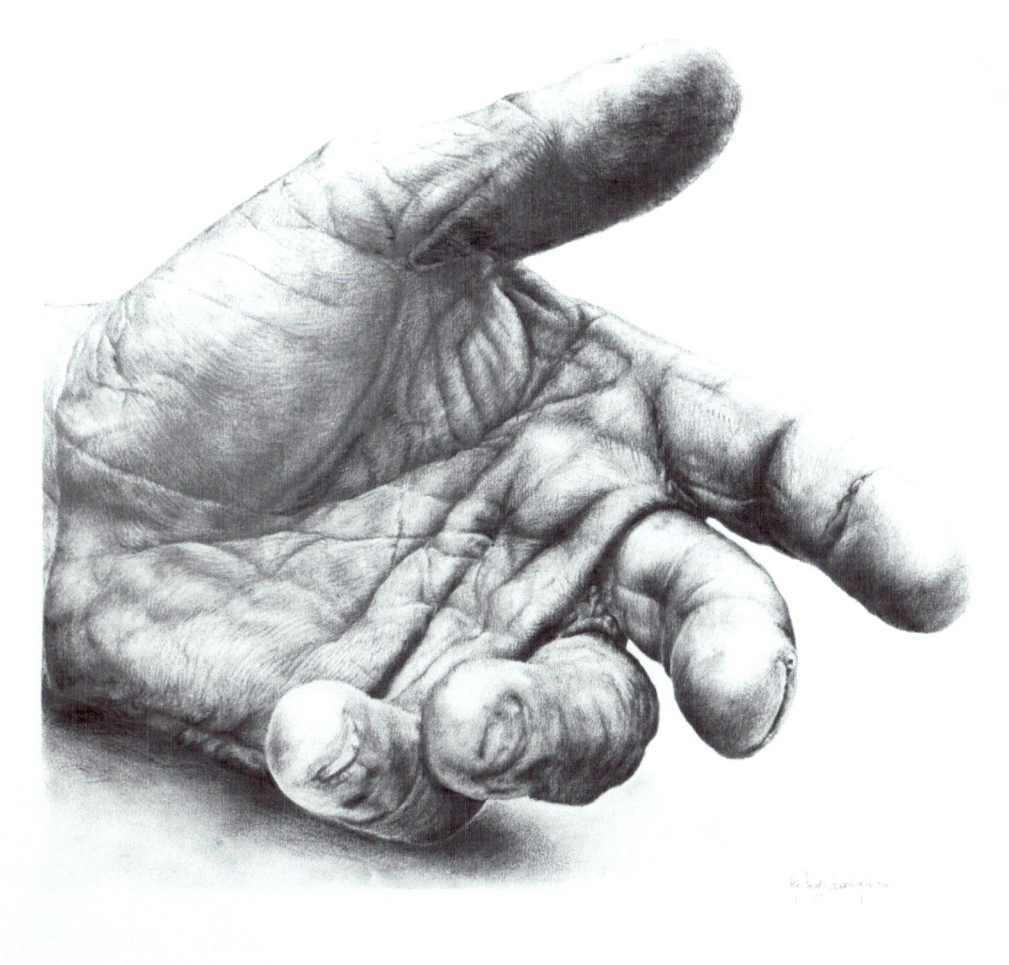

MARIA ROSA DE MAJO
Matita su carta Fabriano

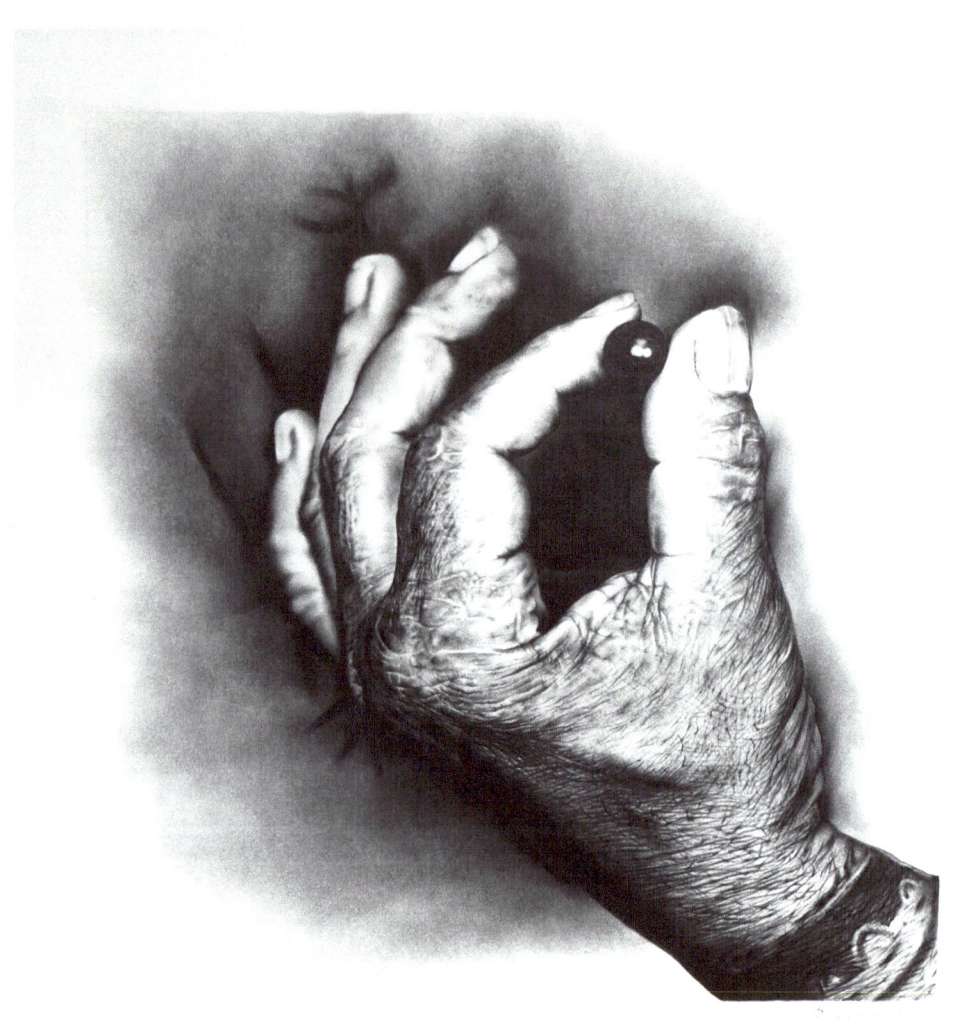

FILOMENA DI COSMO
Matita su carta Fabriano

MIRELLA DI CROCE
Matita su carta Fabriano

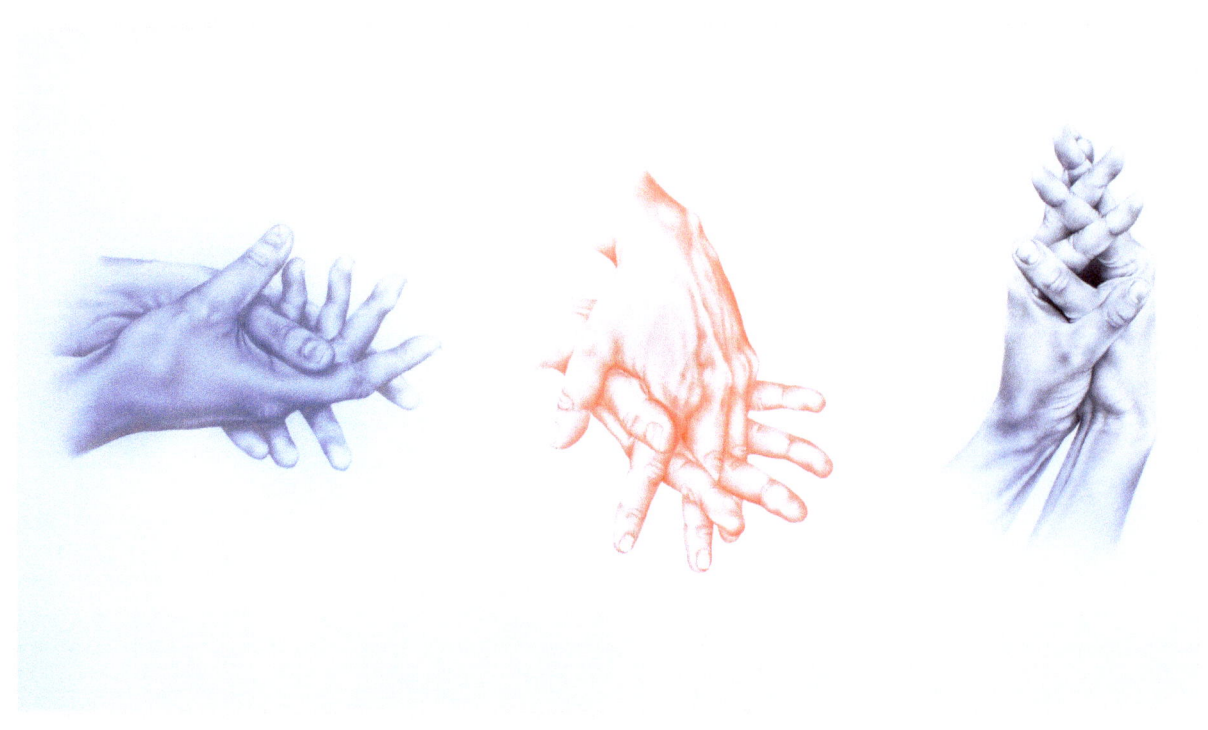

ADRIANA DI LEO
Sanguigna e matita su carta Fabriano

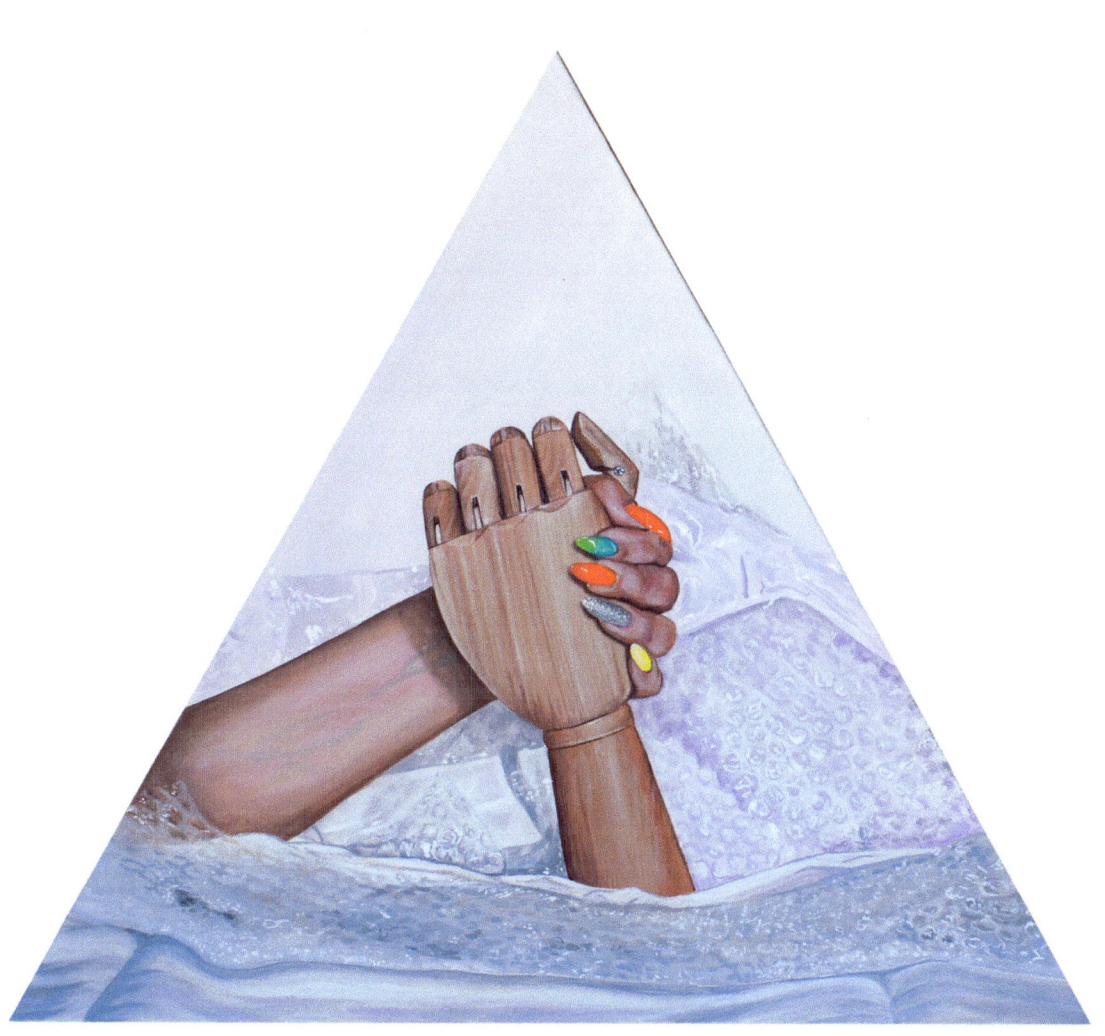

AZZURRA DI VIRGILIO
Olio su tela

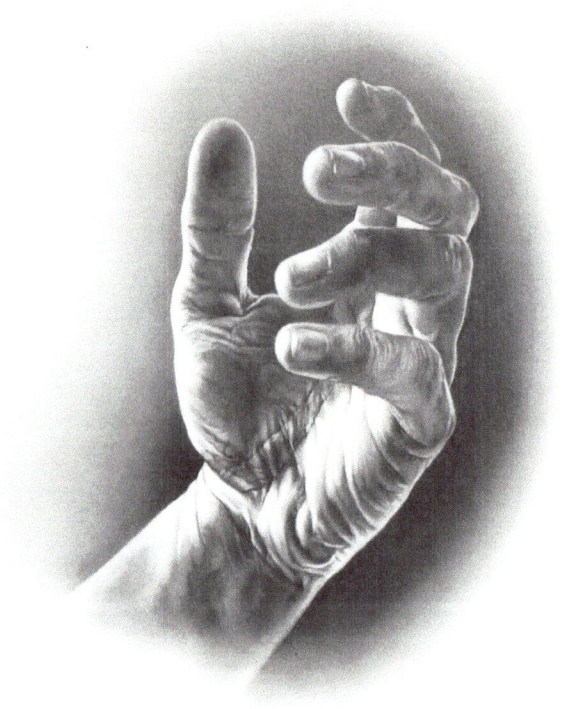

CATERINA GIROLAMI
Matita su carta Fabriano

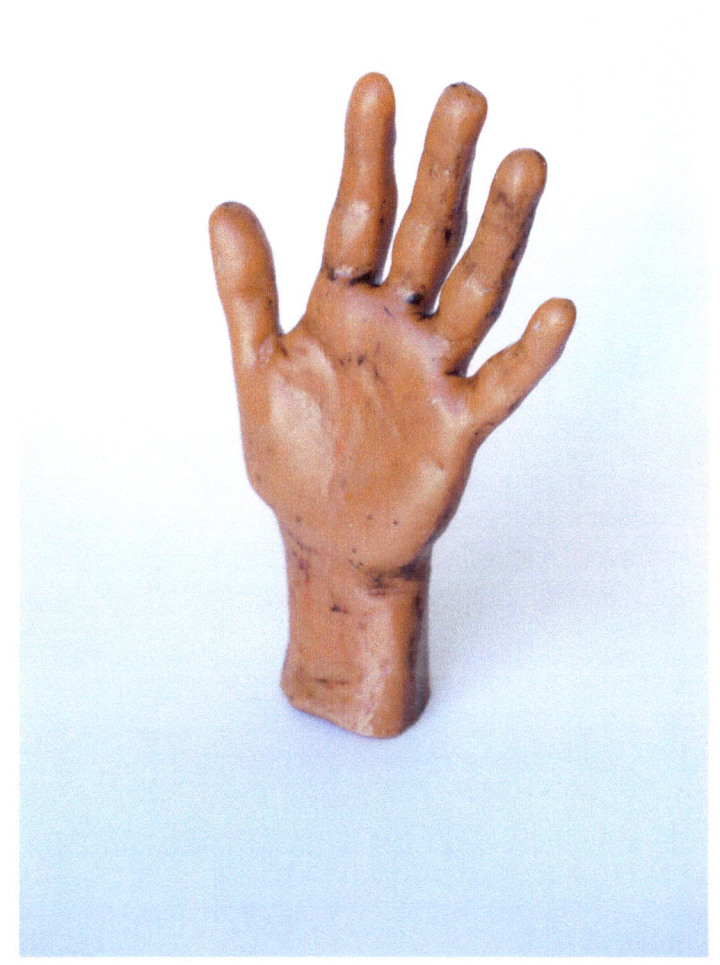

DORA GRITTANI
Scultura modellata in cera

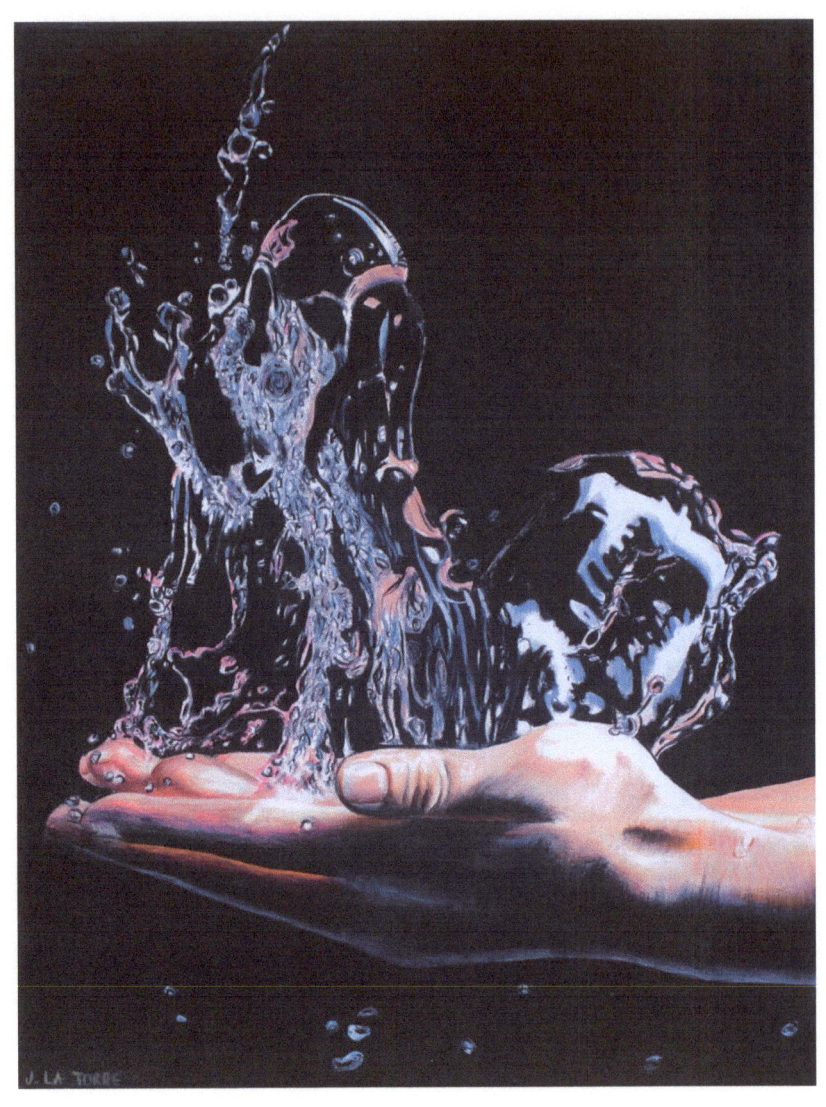

JUDITH LA TORRE
Matite colorate su carta Fabriano

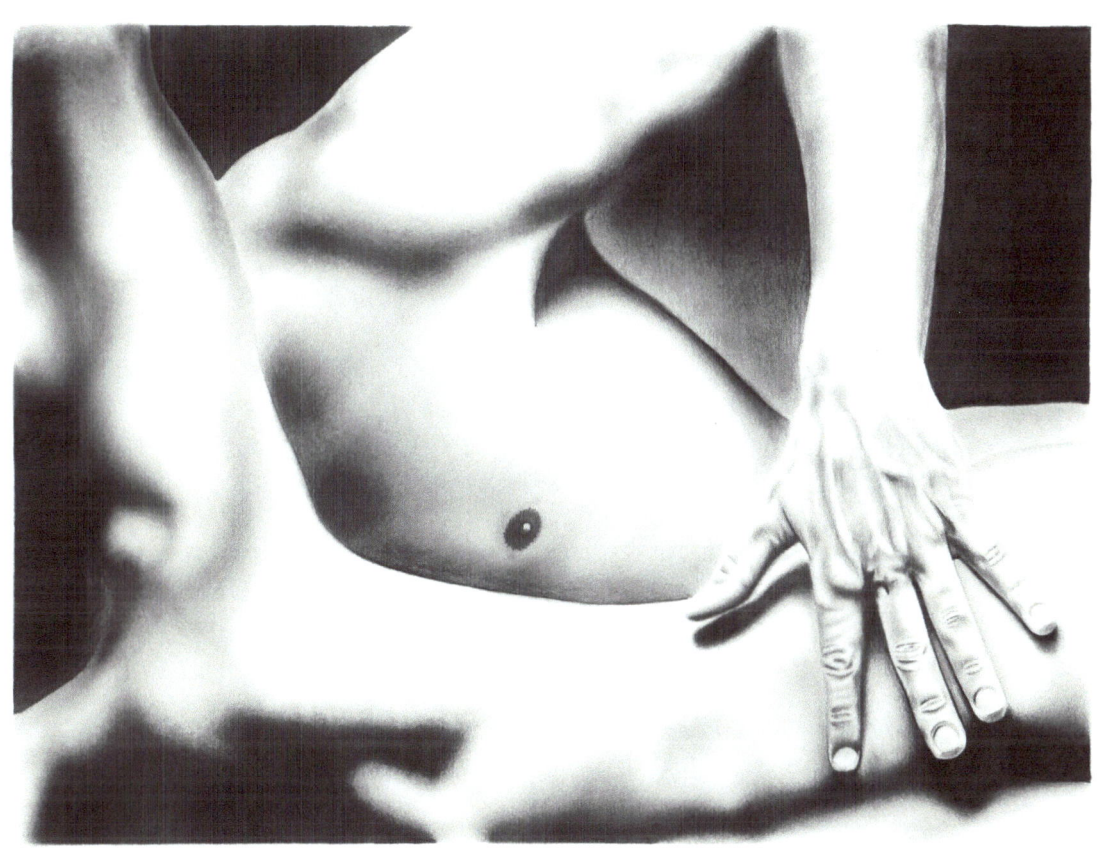

NICOLA MERLINO
Matita su carta Fabriano

FERNANDO NAPOLITANO
Matita su carta Fabriano

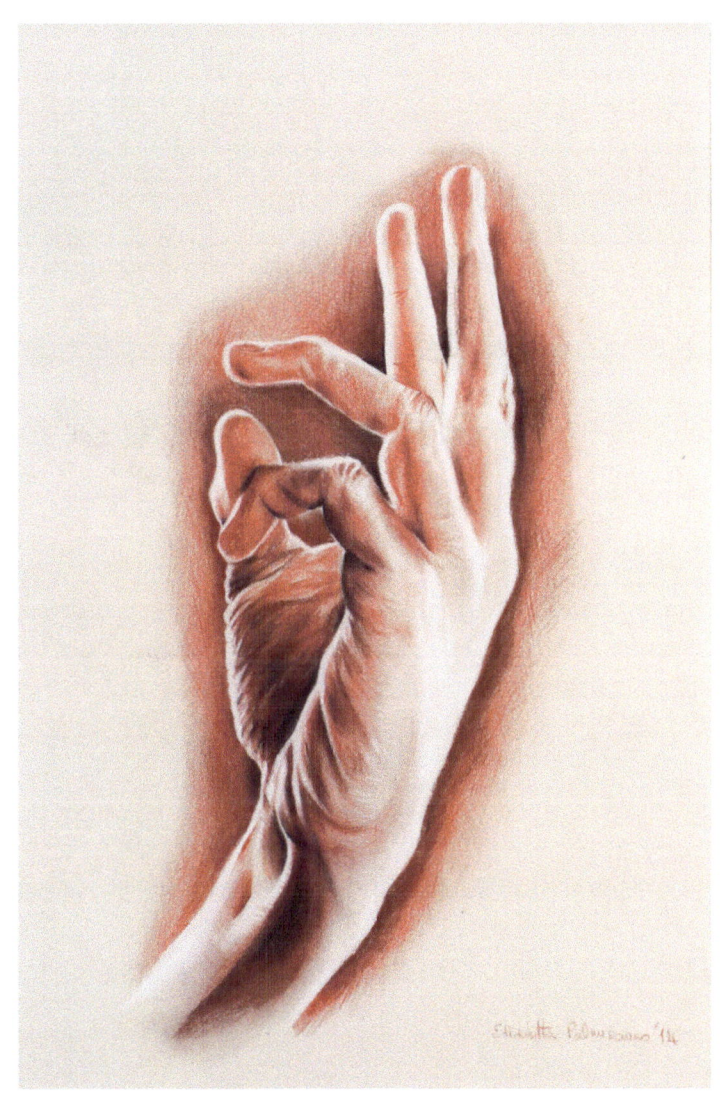

ELISABETTA PALMISCIANO
Sanguigna su carta

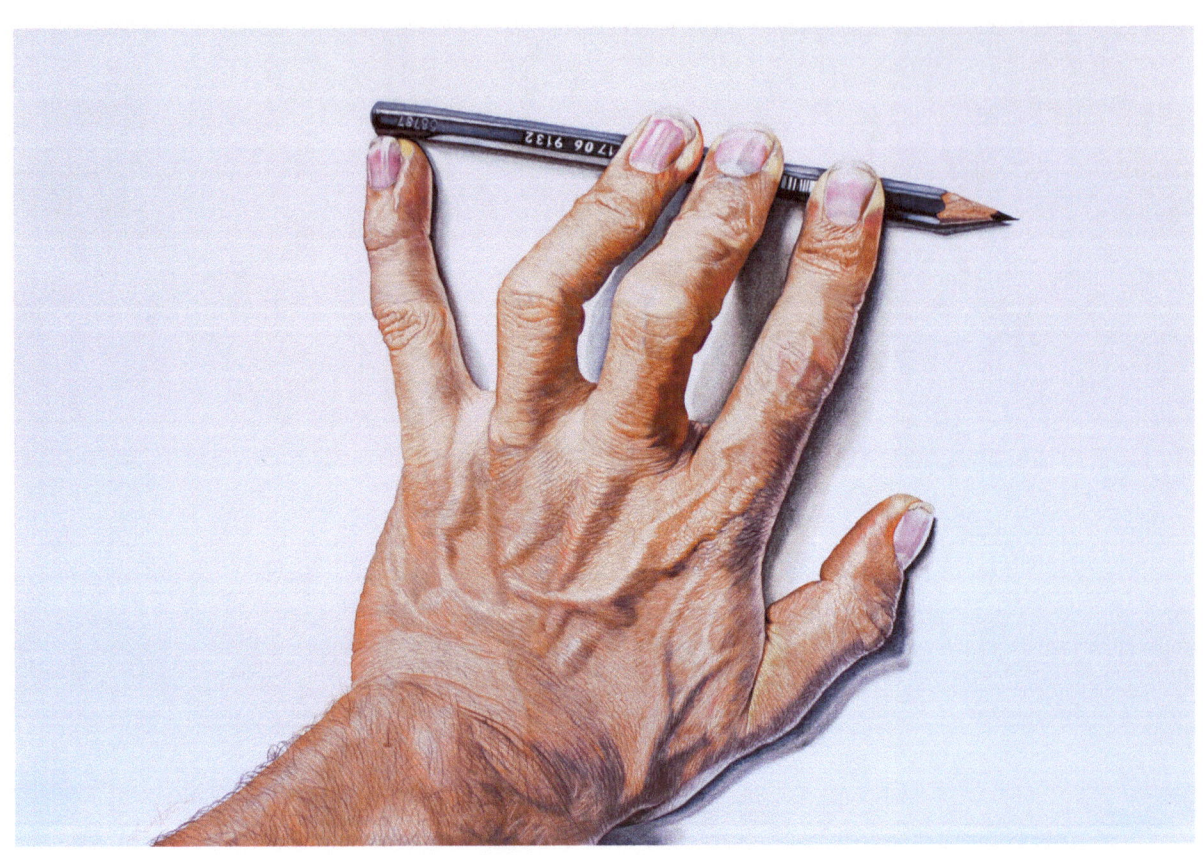

Louis Antonio Palumbo
Matite colorate su carta Fabriano

VALENTINA PORCELLI
Matita su carta Fabriano

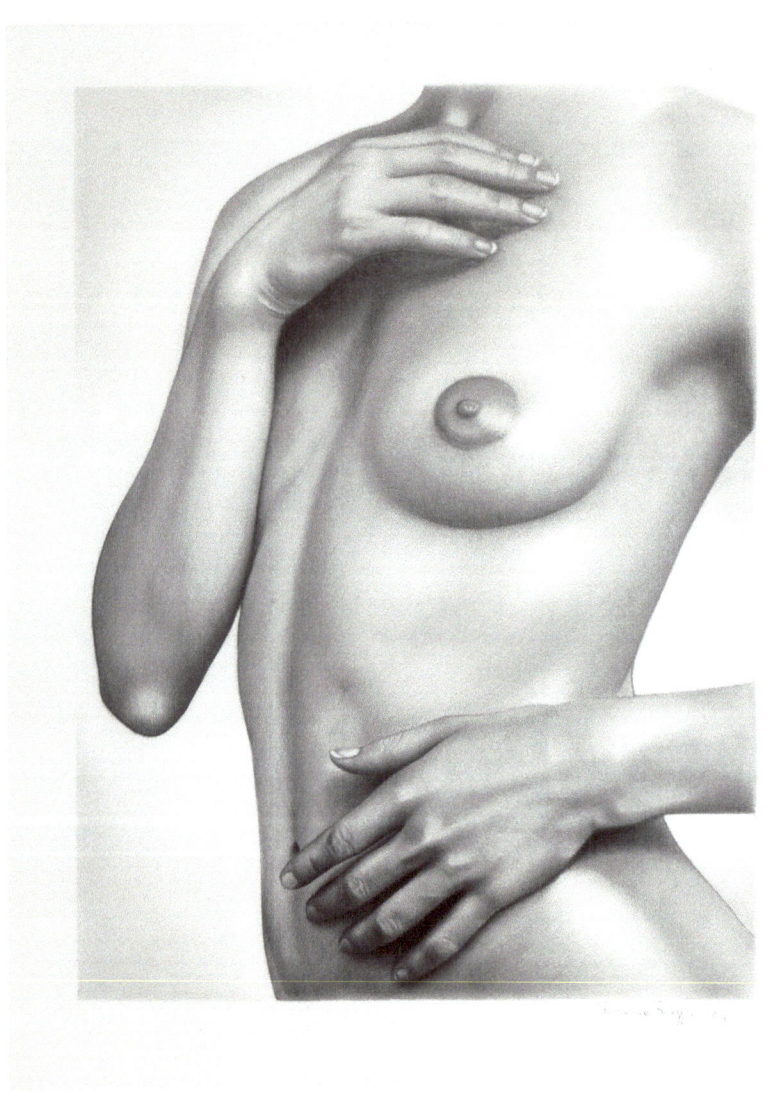

ROSANNA ROGGIA
Matita su carta Fabriano

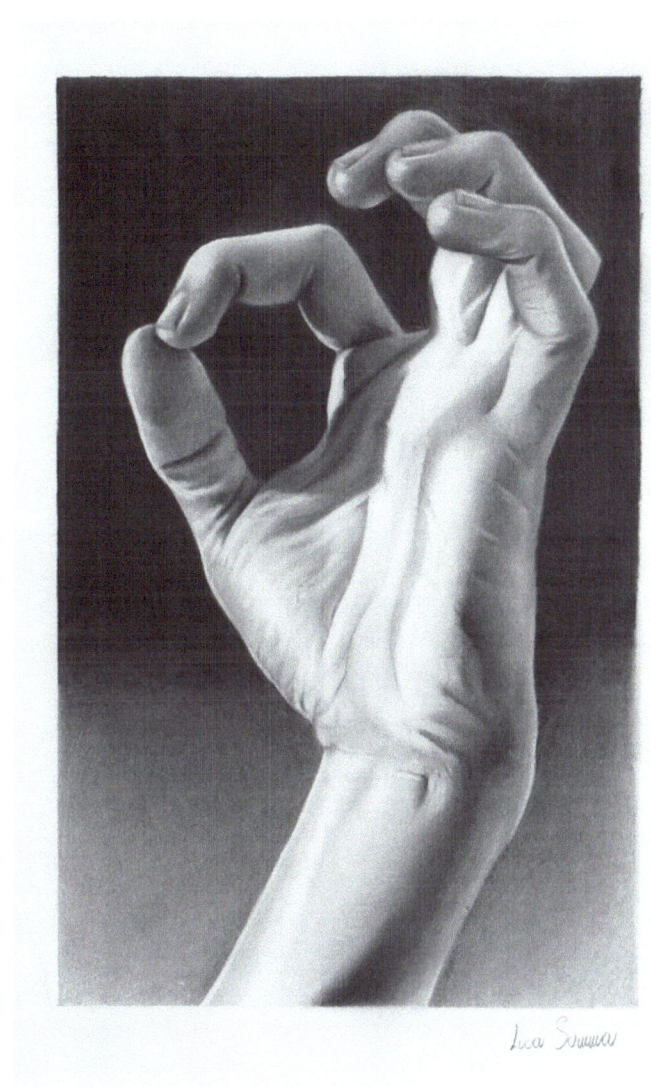

LUCA SUMMA
Matita su carta Fabriano

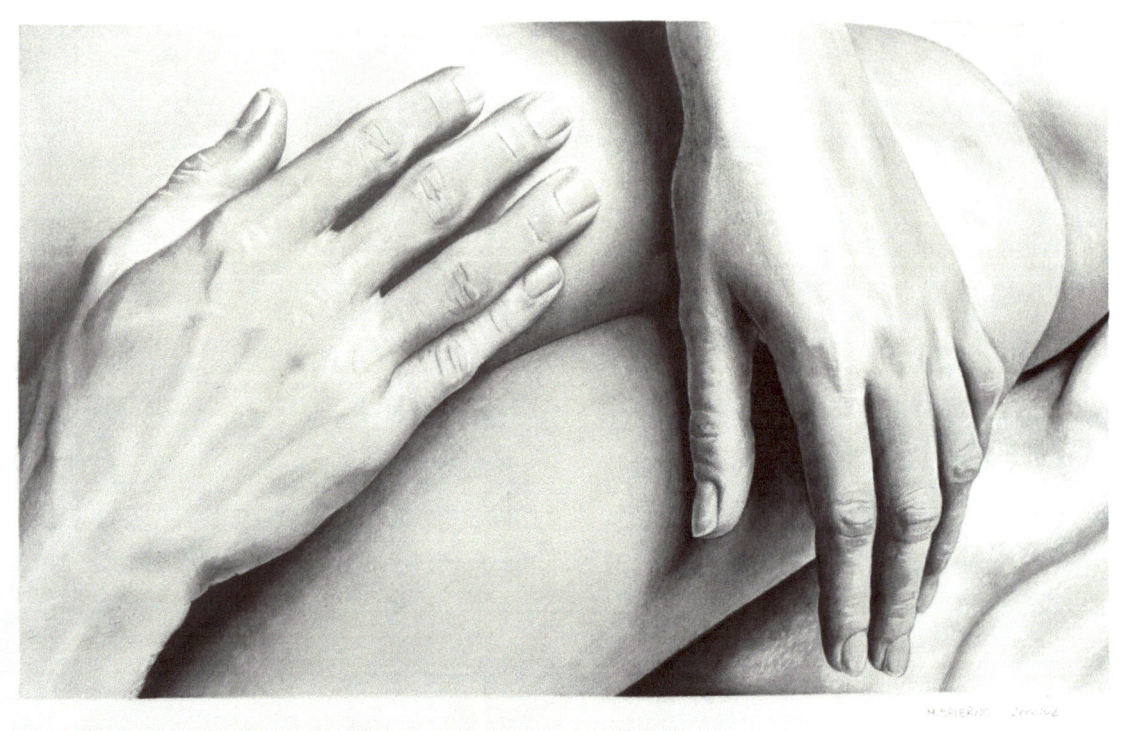

MARIANNA SALERNO
Matita su carta Fabriano

NICOLA SAVELLA
Matite colorate su carta Fabriano

Lulu.com
3101 Hillsborough Street
Raleigh, NC 27607

USA

Printed in 2014